AF262288

MÉMOIRE

ADRESSÉ

A MESSIEURS LES MEMBRES

DE LA COMMISSION

DES RÉCOMPENSES NATIONALES

ÉTABLIE EN EXÉCUTION DE L'ORDONNANCE DU 19 NOVEMBRE 1831.

Par J. F. H. Mouen.

LILLE,

IMPRIMERIE DE BRONNER-BAUWENS.

1831.

A Messieurs, les Membres de la Commission des récompenses nationales, établie en exécution de l'ordonnance du 10 Novembre 1831.

MESSIEURS,

Aux yeux des Romains, la modeste couronne de chêne décernée au nom de la patrie, paraissait plus brillante que les fastueux insignes dont les rois décoraient l'insolence de leurs favoris. On pourrait, chez nous, comparer à cette récompense nationale la décoration de Juillet, avec cette différence que la couronne de chêne n'ombrageait que le front des guerriers qui, par leur valeur, l'avaient méritée au milieu des combats; au lieu que la main de notre Roi peut également faire briller le ruban national sur le sein sillonné de cicatrices et sur la poitrine du citoyen qui, sans avoir porté les armes, n'en a pas moins donné en tout temps des preuves de son patriotisme, de son dévoûment à la cause sacrée de la patrie, et de ce courage civil, qui peut-être demande plus de force d'ame que pour hasarder sa vie au milieu des batailles.

La simple analyse de mes actes de participation à notre glorieuse révolution et aux événemens politiques qui l'ont précédée depuis 1814, suffira, je l'espère, pour me faire obtenir, par votre suffrage, de la munificence du gouvernement, le titre de décoré de Juillet.

Né à Cassel (Nord), le 2 Mai 1787, je reçus les noms de Joseph-Ferdinand-Henri Monet; je quittai cette ville, que j'habitai jusqu'alors, le 13 Mars 1830, pour venir me fixer à Hazebrouck. Le 22 Mai 1812, nommé avoué au tribunal de première instance de cette dernière ville, je fus reçu en cette qualité le 20 Juin

1812, en prêtant serment de fidélité à l'empereur ; et, en Septembre 1830, ma bouche put jurer à notre roi-citoyen ce que je jurai à Napoléon, sans, pendant dix-huit ans, s'être souillée par d'autres sermens qu'aurait désavoués ma conscience. En plusieurs occasions, comme vous le verrez, Messieurs, cette rigidité de principes politiques faillit me devenir funeste ; en voici entre autres un exemple :

Le 6 ou le 7 Avril 1814, me trouvant à Hazebrouck à l'arrivée des actes du sénat portant déchéance de l'empereur, je communiquai à plus de cent personnes qui m'entouraient le dernier bulletin de Napoléon, qui traitait de la prise de Paris. L'effet que produisit sur elles cette communication fut tel, que ce fut par une espèce de miracle que je ne devins pas victime de la rage fanatique de ces individus, que l'exaspération avait changées en bêtes farouches.

En Mai 1815, je me hâtai d'adresser à M. Dupont-Delporte, alors préfet du Nord, une lettre qui conte-nait à-la-fois un don et l'expression de mes sentimens patriotiques. Cette lettre, qui a paru dans les jour-naux, repose à la préfecture.

A la même époque, je fus l'un des *deux* signataires, à Hazebrouck, de l'acte additionnel aux Constitutions.

Le 25 Juin 1815, mes jours étant menacés par les bandes insurgées des habitans du pays, je me retirai à Saint-Omer, où le drapeau national flotta jusqu'au 15 Juillet. L'apparition des fleurs de lys fut le signal de mon arrestation : elle eut lieu le lendemain 16. Je me vis en ce moment exposé aux outrages d'une po-pulace déchaînée et excitée contre moi par des hom-mes assez lâches pour se tenir cachés dans l'ombre, tandis que leurs satellites, l'injure à la bouche, et prêts à m'offrir en holocauste à leur drapeau *sans tache*, me faisaient regarder comme un asile les ca-chots où je fus plongé, et comme mes bienfaiteurs ceux qui m'y avaient traîné. Quarante personnes àpeu-près furent arrêtées à la même époque dans cet arrondissement ; mais on usa de moins de rigueur envers elles, puisque *seul* je fus mis en jugement ; et c'est seulement le 6 Septembre, après environ deux mois passés dans la captivité, que je fus constitué en prévention sous trois chefs d'accusation, résultant, 1° de mon don patriotique ; 2° de mes efforts pour faire signer à Cassel l'acte additionnel ; et 3° de mon départ de Cassel à l'apparition du drapeau blanc. Après l'audition de plus de quarante témoins, mes juges n'ayant pu trouver de loi qui me fût applicable, durent me rendre à la liberté par un jugement de non-lieu prononcé le 6 Octobre.

A la suite de cette affaire, furieux de me voir échapper, des hommes que je m'abstiens de qualifier, provoquèrent ma destitution des fonctions d'avoué, et des personnes dignes de foi m'ont assuré que l'ordonnance de révocation a été signée et existe dans les cartons du ministère de la justice. En attendant cette destitution, ardemment désirée, on m'empêcha d'exercer mes fonctions jusqu'au 11 Février 1816 *.

En Septembre 1816, j'allai voir dans son exil, malgré les conseils de mes amis, qui voulaient me détourner de ce voyage, en me faisant envisager les désagrémens auxquels cette démarche m'exposait ; j'allai, dis-je, visiter mon malheureux compatriote, le général Vandamme, qui ne devait pas avoir la consolation de revoir ces glorieuses couleurs sous lesquelles il avait si vaillamment combattu. La liberté rappelée dans nos climats par les chants qui nous conduisirent tant de fois à la victoire, pût seulement déposer une larme sur la

---

* Une circonstance assez remarquable, c'est que le procureur-général, M. de Beaumetz qui écrivait au commencement d'Octobre 1815, à M. le procureur du roi d'Hazebrouck que je devais être nécessairement destitué, fut lui-même trois mois plus tard révoqué de ses fonctions par ce gouvernement qui, après s'en être servi, brisait lui-même les vils instrumens de son despotisme.

(6)

cendre tiède encore du vieux guerrier ! Dans ce voyage,
je fus l'objet de toute la surveillance de la police, et,
à mon retour, une visite domiciliaire eut lieu chez
moi : espèce de mesure sanitaire pour prévenir les
dangers auxquels le contact de ces *parias* aurait pu
nous exposer, tant on craignait que leur souvenir ne
réveillât dans nos cœurs des idées de gloire et d'indé-
pendance, qu'il importait tant d'y étouffer !

D'ailleurs cette recherche inquisitoriale de la police
n'eut pour elle aucun résultat : ses agens purent seulement lui rapporter que, dans mon salon, se trouvaient
exposés les portraits des plus illustres de nos malheureux concitoyens, au milieu desquels était celui de
Napoléon.

Ce fut à cette époque que je faillis devenir la victime d'un affreux guet-à-pens. Je me trouvais à Cassel au *Café du Nord :* dix à douze personnes *des plus
notables* s'y étaient rassemblées pour un banquet. Mas-
quant, eux aussi, leur ressentiment sous les mots
Union et oubli, ils me firent les plus grandes instances
pour assister à leur repas fraternel. Je m'y refusai. Enfin leurs prières devinrent plus vives, et ils m'entraî-
nèrent pour ainsi dire dans la salle où était préparé le
festin. Le dessert arrivé, l'on chanta. Tous les couplets
se terminaient par un *vive le Roi!* Voyant que je re-
fusais de hurler avec eux leur éternel refrain, ils vou-
lurent m'y contraindre. Ils employèrent les menaces :
je restai ferme. Tous se disposèrent alors à les mettre à
exécution; mais dans ce moment, assez critique pour
moi (nous étions au deuxième étage, et ces messieurs
prétendaient me faire descendre autrement que par
l'escalier), un employé, nommé Barbe, s'élance au
milieu de mes aggresseurs, et, saisissant un couteau,
menace de poignarder le premier qui mettra la main
sur moi. Alors les convives, qui n'étaient que dix contre deux, ne se trouvant pas en force, me laissèrent
librement sortir du piège qu'ils m'avaient tendu.

Le 3 Septembre 1818, à la naissance de ma fille, je lui donnai les noms de Marie-Louise-Joséphine. Cette circonstance, je le sais, serait indifférente dans toute autre partie de la France; mais ici elle suffit pour irriter de plus en plus mes ennemis.

Dans le mois de Novembre 1822, je fis un voyage à Paris. Le *livre noir* du ministère Villèle (tome 3, pages 252 et 253), et les documens officiels de la police, rapportent que le 7 de ce même mois de Novembre, lendemain de mon départ de la capitale, je devais y être arrêté comme chargé d'une mission *secrète et importante* (je copie littéralement) pour les révolutionnaires. Dans cette circonstance, je fus d'autant plus exposé, que le même *livre noir* prouve (article *Castinel*, tome 2, pag. 36 et suivantes) qu'à cette époque on voulait rattacher une conspiration, dont le foyer était à Lille, avec l'affaire du général Berton.

Le 7 Mai 1826, époque à laquelle Charles X était à Compiègne, revenant d'un autre voyage à Paris, je fus surveillé dans la voiture publique, par un agent de la police, jusqu'à Saint-Quentin. Le rapport de cet agent doit faire connaître les discussions véhémentes qui se sont élevées entre nous, et mes violentes sorties contre le gouvernement.

Les nouvelles insultes que m'avaient attirées les noms de ma fille, ne m'empêchèrent pas de donner à mon fils les noms de Casimir-Benjamin-Constant, comme témoignages de ma reconnaissance envers deux courageux députés, dont l'un, affaibli par ses longs travaux, fut enlevé trop tôt à la France, tandis que l'autre, par son mérite et ses talens, jouit maintenant de la confiance méritée de la patrie et de notre roi-citoyen.

Ce n'est que par l'inspection du *livre noir* que j'eus connaissance de l'article qui me concerne. Dès que l'indignation que fit naître en moi cette lecture fut calmée, je songeai à en tirer parti dans l'intérêt du pays.

Je partis aussitôt pour Paris. Une lettre écrite d'après les conseils de M. Étienne, fils du député de ce nom, et communiquée entre autres à MM. Labbey de Pompières, Benjamin-Constant, Dupin aîné, etc., parut dans le *Constitutionnel* du 3 Mai 1829. Dans cette lettre, je dévoilais à mes compatriotes la conduite infâme du gouvernement, comment, pour servir ses intérêts, assouvir ses petites passions, ses petites haines, il ne se faisait aucun scrupule de faire jouer les plus honteux ressorts. Ce qui prouve que c'est seulement pour contribuer à ouvrir les yeux de la France, et non par un motif particulier de haine contre la personne qui ne rougit point de se prêter à cette odieuse manœuvre, que j'agis dans cette circonstance, c'est que, dans cette lettre, le gouvernement seul est attaqué; sur lui seul je fais déverser toute la honte, la turpitude d'un semblable attentat. C'est un patriotisme bien désintéressé, on doit en convenir; qui me guidait, puisque, sans y être appelé par aucune affaire, j'allai à Paris, et y demeurai environ un mois pour pouvoir me procurer toutes les pièces de cette coupable tentative contre la liberté d'un citoyen*. C'est par suite de cette lettre qu'est survenu, dans *la Police dévoilée* (tome 2, page 370), l'article qui me concerne.

La relation des faits qui suivirent la connaissance que j'eus, dans le *livre noir*, de l'article qui me regar-

---

* Dans cinquante autres circonstances j'ai montré le même désintéressement. Quand il s'agissait de la patrie, jamais je j'ai vu qu'elle. On pourrait croire que mes intérets ou ceux de ma famille se trouvaient froissés par le retour des Bourbons, on se tromperait. Jamais les événemens, soit sous la république, soit sous l'empire, ne m'ont été favorables. Ma famille a souffert à la première révolution autant et plus peut-être que beaucoup d'autres qui font sonner bien haut leurs pertes soit réelles, soit imaginaires. *Quatre* de mes oncles ont été forcés de s'expatrier ; et cependant, jamais mes opinions n'ont varié, parce que jamais je n'ai pu balancer entre la France et mes intérêts personnels.

(9)

dait, m'a fait interrompre l'ordre des dates, ordre que
j'ai conservé avec soin dans tout mon Mémoire. C'est
ainsi que, quelque temps avant l'insertion de ma lettre
dans le *Constitutiõnnel*, m'arriva ce que je vais ra-
conter :

Le 9 Septembre 1827, lors du passage par Cassel de
Charles X, qui se rendait au camp de Saint-Omer, sur la
porte triomphale élevée par la ville en face du château du
général Vandamme, on avait placé, sous les yeux in-
dignés de ce vétéran de la gloire, une pièce de vers
des plus injurieuses à l'ancienne armée. Aussitôt que
j'eus connaissance de cette adulation grossière, je me
rendis au *Café du Midi*, quartier-général des autori-
tés. Là, je les sommai, au nom de notre gloire qu'on
voulait flétrir, de me donner des explications sur ces
vers. Une discussion des plus violentes s'engagea;
mais si, en ce moment, où l'enthousiasme était à son
comble, je m'exposai singulièrement, j'eus du moins
la satisfaction de voir que la pièce de vers disparut, et
ne fut pas rétablie au retour de Charles X, qui eut lieu
quelques jours plus tard.

Pour changer autant que possible l'esprit public,
pour essayer de dissiper les ténèbres dont je gémissais
de les voir entouré, les sacrifices pécuniaires ne m'ont
jamais coûté. Brochures, ouvrages prohibés, tout était
par moi introduit en France*. Sachant que le ridicule
est une arme aussi puissante que la raison, surtout
quand il est manié par un génie immortel, les chan-
sons de notre Bérenger étaient, par mes soins, répan-

* Un jour, j'appris que les limiers de la police, avaient trou-
vé la piste d'un de mes ballots et qu'il allait être saisi, aussitôt
j'ordonnai de le rentrer en Belgique et de le déposer là jusqu'à
nouvel ordre. Mais la plupart des volumes qui composaient ce
ballot étaient des contrefaçons qui portaient en tête le mot
Paris, de manière que pour éviter d'être pris en France comme belges, ils se firent saisir en Belgique comme français. Je
fus encore dans cette circonstance obligé de payer 115 fr. pour
transigér avec la douanne étrangère.

dues avec autant de profusion que les discours du courageux général Foy. Enfin, le 27 Avril 1830, une partie du dernier envoi fut saisie par la douane de Steenwoorde. Les porteurs commirent l'infidélité de me désigner comme propriétaire du ballot déposé sur la frontière, et m'exposèrent par là à des poursuites extraordinaires et à une destitution inévitable, si les événemens de Juillet n'étaient venus changer la face politique de la France.

Je vais avoir l'honneur maintenant, Messieurs, de mettre sous vos yeux l'exposé succint de ma manière d'agir pendant ces instans de crise où la France inquiète tournait avec anxiété les yeux vers la capitale.

Le jeudi 29 Juillet 1830, lendemain de l'arrivée à Cassel des fameuses ordonnances du 25, *et avant aucune nouvelle de l'insurrection des Parisiens*, je me trouvais en cette ville (Cassel) au *Café du Grand-Cerf*. Une discussion publique, purement politique, et des plus vives, s'y engagea. Là, en présence d'une foule de personnes, je déclarai que les ordonnances avaient rompu tous les liens qui existaient entre la nation et Charles X; qu'il n'y avait plus de gouvernement légal; que le roi parjure serait indubitablement renversé, s'il ne l'était déjà. Je dis hautement que la guerre civile, qui devait nécessairement suivre cette œuvre de perfidie, serait de peu de durée. Voici, si ma mémoire ne me trompe pas, les paroles que je proférai. « Oui : maintenant, à l'heure où je vous parle, » les Parisiens sont vainqueurs : Charles X ne souille » plus de sa présence la capitale : encore doit-il, » après son crime, s'estimer bien heureux si on lui a » permis la fuite ! » Ce discours qu'on n'interrompit pas parce qu'il était prononcé avec véhémence et avec la force qu'imprime la conviction, enflamma de fureur la plus grande partie de mes auditeurs. Une personne voulut m'opposer en faveur des ordonnances quelques raisonnemens puisés dans l'*Universel*, jour-

nal de M. Peyronnet; indigné, je lui arrachai ce journal des mains, le froissai plusieurs fois avec colère, et
finis par le lancer à la figure de mon interlocuteur. Au
lieu de se contenter de discuter, chaudement il est
vrai, ces Messieurs eurent recours à leur argument
favori quand ils sont dix contre un; ils se précipitèrent
sur moi, me maltraitèrent, et finirent par me jeter
dans la rue. Cette scène fut connue à Cassel avec la ra-
pidité de l'éclair : des complots furent tramés contre
mes jours; mais, le lendemain, la nouvelle des trou-
bles arriva. En personnes prudentes, mes ennemis at-
tendaient l'issue des événemens, pour pouvoir m'as-
sassiner sans danger si leur parti triomphait; mais
l'héroïque résistance du peuple parisien déjoua leurs
trames, et le drapeau tricolore, qui parut bientôt,
en me faisant oublier mes dangers, m'a fait aussi oublier tous leurs noms *.

Lorsque la révolution fut connue, mais que le succès était encore ignoré, je pris la résolution d'annon-
cer hautement que nous étions vainqueurs, certain
que, sur tous les points de la France, les patriotes zélés
feraient comme moi, afin, si Paris succombait, de
profiter du premier moment d'enthousiasme, pour
qu'une insurrection générale se déclarât partout en
même temps.

Je me rendis dans la nuit du vendredi au samedi,
30 et 31 Juillet, accompagné de M. L......, juge d'ins-
truction à ce tribunal, sur la route de Lille à Dunkerque, afin d'apprendre par les voyageurs que conte-
naient les voitures publiques des nouvelles de la capitale. Tous étaient partis de Paris avant la victoire, et
ne pouvaient par conséquent nous faire connaître l'issue de cette lutte glorieuse, puisqu'ils l'ignoraient eux-

---

* Ces faits, de notoriété publique, sont justifiés par l'acte ci-
joint passé devant M. le juge-de-paix du canton de Cassel.
N° 1.

(12)

mêmes. Rentré à Hazebrouck, j'y annonçai à l'instant à plusieurs personnes qui m'entourèrent aussitôt, et entre autres à M. Jaussens, alors, comme aujourd'hui, commandant de la gendarmerie, que la résistance du peuple prenait de la consistance, et qu'il était certain qu'au moment où je leur donnais ces nouvelles, nous étions libres et affranchis pour jamais du joux odieux d'un roi parjure, résultat que j'espérais, il est vrai, mais qu'alors il *était impossible* que je connusse *.

Je n'ai pu suivre davantage les événemens de Juillet : trois jours passés dans une affreuse anxiété sur le sort de la patrie; me voyant, si la cause de la liberté était perdue, placé sous le glaive qui assassina Berton et Bories, et la joie que me causa la nouvelle du succès, firent sur mes organes une telle impression, que le dimanche 1er Août je fus atteint d'une maladie assez grave pour me forcer, pendant trois mois, à garder la chambre.

Je puis donner pour garant de ce qui précède le pays entier, et particulièrement les habitans de Cassel : tous

____

* Fait contasté par la deuxième pièce ci-jointe, n° 2, comme le véritable amour de la patrie ne peut exister que dans un cœur pénétré des devoirs que lui imposent l'honneur et l'équité; j'ai négligé de parler de mes mœurs ; cependant je joint aux deux pièces rapportées plus haut les certificats de mes confrères, (N° 3) de M. Bon, doyen des avocats et des juges-de-paix; (N° 4) et des membres du tribunal; qui attestent ma moralité, ma probité et mon désintéressement dans mes fonctions; vous remarquerez sans doute, Messieurs, dans le certificat des membres composant le tribunal d'Hazebrouck cette phrase: Jamais aucun reproche ne s'est élevé contre lui *relativement à ses fonctions.* Ils évitent comme on le voit, de parler de mes opinions politiques, en effet, depuis 1814 jusqu'à cette époque, il avait plu des dénonciations contre moi.

Je saisis cette occasion pour rendre à l'honorable M. Bon la justice qui est due. C'est particulièrement à ce vénérable magistrat, également victime, mais à une autre époque, de ses opinions politiques que dix à douze personnes ont dû de n'avoir pas été arrêtées à Cassel, en même temps que moi.

viendront attester que, depuis 1814 jusqu'au mois de Juillet 1830, les événemens politiques m'ont occasioné un préjudice de plus de 25,000 francs; pendant quinze ans j'ai reçu tous les journaux constitutionnels, toutes les brochures politiques; dans tous les temps j'ai entretenu une correspondance active avec plusieurs proscrits, et particulièrement avec le général Vandamme; toujours mon nom fut inscrit un des premiers dans toutes les souscriptions nationales; et, pendant ce laps de temps, je n'ai cessé d'être en butte à toutes les persécutions; dénoncé à chaque instant, rien n'a pu arrêter mes efforts, rien n'a pu modifier mes sacrifices pour le succès des élections, pour le sort de la France; jamais le moindre acte de lâcheté n'a pu m'être reproché; jamais je n'ai assisté à aucune cérémonie; jamais je n'ai porté aucun signe en opposition avec ma manière de voir; dans cent discussions publiques, dans deux duels pour politique, j'ai exposé mon existence et le sort de ma famille pour faire triompher la cause que j'ai embrassée, et qui me trouvera toujours à l'heure du danger.

Si, Messieurs, vous jugez que la décoration de Juillet siérait sur un cœur qui palpite au mot sacré de liberté, sans doute je serais fier d'avoir mérité l'estime de ma patrie et du roi qu'elle a choisi; si, au contraire, vous me jugez indigne de cet honneur, je me rappellerais un mot célèbre de l'antiquité, et je me consolerais en pensant qu'alors la France possède dans son sein un grand nombre de citoyens meilleurs que moi.

MONET.

PIECES JUSTIFICATIVES.

N° I.

Des minutes du greffe de la justice de paix du canton de Cassel (Nord), a été extrait ce qui suit:

Nous, Philippe-Louis Bon, juge-de-paix du canton de Cassel, arrondissement d'Hazebrouck, département du Nord, sur l'attestation de MM. Louis Makereel, lieutenant en retraite; Dominique Berteloot, directeur des Messageries ; Bauduin Alexandre Vanheeghe, propriétaire ; Joseph Bon, receveur d'octrois et Pierre Vanbambeke, orfèvre ; tous notables habitans de cette ville, certifions à tous qu'il appartient que le jeudi 29 Juillet 1830, Me Joseph-Ferdinand-Henri Monet, avoué au tribunal d'Hazebrouck, né à Cassel le 2 Mai 1787, s'est rendu, accompagné de mondit sieur Vanheeghe , vers les sept heures du soir au café du Grand-Cerf en cette ville, où se trouvaient entré autres mesdits sieurs Bon et Vanbambeke; qu'une discussion politique s'est élevée sur l'exécution des ordonnances du 25 dudit mois de Juillet, connues à Cassel seulement la veille ; que Me Monet, persistant à soutenir que lesdites ordonnances étaient illégales, et qu'il était impossible à Charles X de se maintenir dès-lors plus long-temps sur le trône ; dans le fort de la discussion chiffonna l'*Universel* et le jeta à la figure d'une personne du parti dont ce journal était l'organe ; que, n'étant nullement disposé à obtempérer aux injonctions réitérées qu'on lui fit de sortir du café , et continuant à assurer avec véhémence que Charles X serait certainement renversé, s'il ne l'était déjà, il fut aussitôt saisi et jeté avec violence dans la rue.

Certifions de plus, sur l'attestation des trois derniers dénommés ci-dessus, pour avoir été présens, et sur celle des deux premiers, qui déclarent d'après la notoriété publique que, par suite de cette discussion qui fut à l'instant connue de tout Cassel, certains esprits s'exaspérèrent à tel point que la vie du même Me Monet n'eût plus été en sûreté, si les événement de Paris n'avaient justifié sa prédiction.

En foi de quoi nous avons délivré le présent acte de notoriété, au susdit Me Monet pour s'en servir et le faire valoir là et ainsi qu'il le trouvera convenir; acte qu'après lecture les cinq assistans sus-nommés ont signé avec nous et notre greffier, à Cassel, le 7 Décembre 1831.

Signé L. Makereel, Berteloot, Bon, Vanheeghe, Vanbambeke, Bon et J. Aernouts, greffier, enregistré à Cassel,
le 8 Décembre 1831, folio 190, verso case 2; reçu 2 fr.
plus 20 centimes pour subvention sans renvoi, signé Ma-
lot. Pour expédition conforme: signé J. Aernouts, greffier.

Vu par nous, président du tribunal de première instance, séant à Hazebrouck, pour légalisation de la signature de M. J. Aernouts, greffier du juge-de-paix du canton de Cassel.

Fait au Palais de Justice à Hazebrouck, le 9 Décembre
1831. Signé Tiffret.

N° II.

Je soussigné, certifie que le samedi 31 Juillet 1830, M^e
Monet, avoué en cette ville, arrivant le matin de la route
de Cassel chemin de Lille à Dunkerque, fut interrogé sur
la grande place par plusieurs personnes et par moi, sur
les nouvelles qu'il pouvait avoir apprises des voyageurs,
relativement aux événemens de Paris ; qu'alors ledit M^e
Monet nous répondit avec un vif enthousiasme, que se-
lon lui, la valeur des Parisiens était telle qu'on ne devait
plus douter de leur triomphe, et du succès de la cause de
la liberté ; et qu'au moment où il nous parlait tout était
fini. Je puis aussi certifier qu'à ce moment, aucune nouvelle ni directe, ni indirecte de notre victoire n'était, ni *ne
pouvait* être arrivée ici.

En foi de quoi je lui ai délivré le présent certificat à
Hazebrouck, le 9 Décembre 1831.

Le lieutenant commandant la gendarmerie de l'arrondissement d'Hazebrouck, signé Jaussens, et scellé.

Vu pour légalisation de la signature de M Jaussens, of-
ficier de gendarmerie à la résidence d'Hazebrouck. A la
mairie d'Hazebrouck, le 9 Décembre 1831. Signé Massieu-
Dubiest adjoint, et scellé.

N° III.

Nous, avoués près le tribunal de première instance séant
à Hazebrouck, soussignés, désirant donner un témoignage
d'affection à notre confrère Monet, président de la Chambre, attestons qu'il a toujours eu pour nous les meilleurs
procédés et que chaque fois que l'occasion s'en est pré-
sentée, il nous a donné des marques de son attachement,
de son désintéressement et que nous n'avons jamais eu qu'à

nous louer de ses procédés e... ... ...us. Fait en Chambre, hôtel du Palais de Justice à Hazebrouck, 15 Avril 1829. Signé J. M. Berteloot, Leleu, F. Potier et Pasquier. Nous, président du tribunal séant à Hazebrouck (Nord), certifions que les signatures ci-dessus sont celles de MM. Berteloot, Leleu, Potier et Pasquier seuls avoués exerçant près ce tribunal depuis le décès de M⁰ Durand qui n'a point encore été remplacé. Donné au Palais de Justice, le 17 Avril 1829. Signé Tiffret, et scellé.

N⁰ IV.

Nous, Philippe-Louis Bon, juge-de-paix du canton de Cassel, arrondissement d'Hazebrouck, département du Nord, certifions à tous qu'il appartient, que M⁰ Joseph-Ferdinand-Henri Monet, avoué au tribunal d'Hazebrouck, demeurant à Cassel, nous a, à notre demande, et à notre grande satisfaction, constamment secondé à concilier les parties sur les difficultés qui les divisaient et qui allaient les porter à des procès souvent ruineux à l'une d'elles ; au point que, par ces procédés et par sa conduite régulière, nous avons estimé devoir compter ledit M⁰ Monet dans le nombre de nos amis. En foi de quoi nous lui avons délivré en brevet le présent acte pour s'en servir et le faire valoir où il appartiendra. Cassel, le 17 Avril 1829. Signé Bon.

Vu par nous président du tribunal de première instance pour légalisation de la signature apposée de l'autre part par M. Bon, ancien avocat et le doyen des juges-de-paix de l'arrondissement. Au Palais de justice à Hazebrouck, le 17 Avril 1829. Signé Tiffret, et scellé.

N⁰ V.

Nous, président et membres composant le tribunal de première instance séant à Hazebrouck, nous attestons que M⁰ Joseph-Ferdinand-Henri Monet, exerce depuis environ 17 ans (20 Juin 1812), le ministère d'avoué près ce tribunal, que la manière dont il s'en est acquitté, lui a obtenu sans réserve la confiance des magistrats et celle des justiciables du ressort, et que jamais aucun reproche ne s'est élevé contre lui relativement à ses fonctions.

Donné au Palais de Justice à Hazebrouck, le 17 Avril 1829. Signé Leclerq, juge, Maniez, Longeville, procureur du roi, Joets, juge, Tiffret Pot... Aug... Verleye, substitut, et Delhomel, greffier.

9 782013 039338